Original en couleur
NF Z 43-120-8

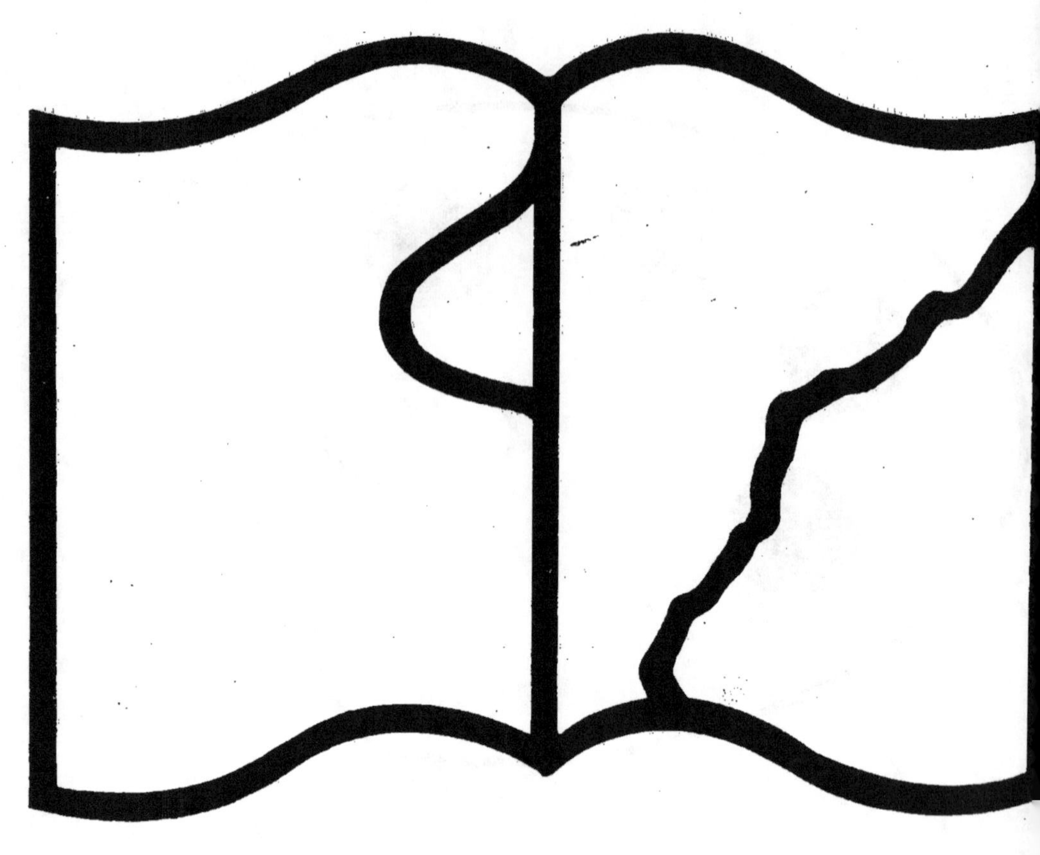

Texte détérioré — reliure défectueuse

NF Z 43-120-11

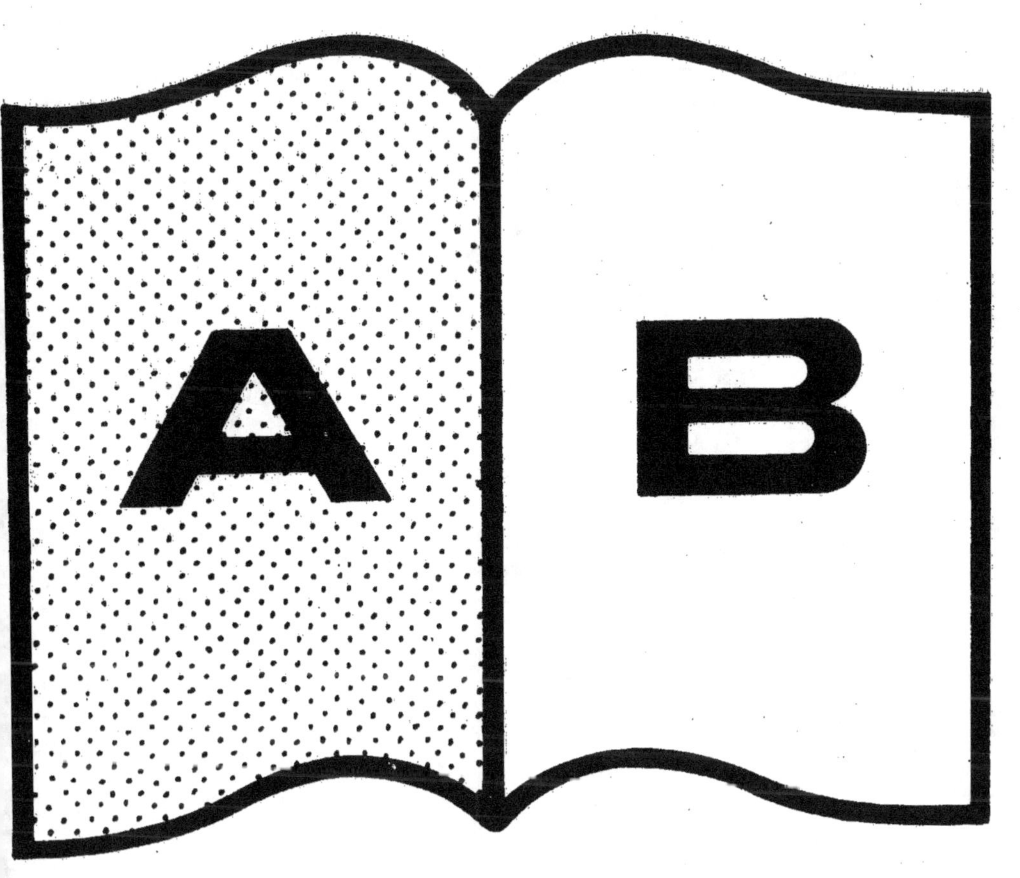

Contraste insuffisant

NF Z 43-120-14

ATLAS

DES

COLONIES FRANÇAISES.

I K 9
8 bis

Le texte est in-8°

ATLAS

DES

COLONIES FRANÇAISES

PUBLIÉ

par ordre de Son Excellence M. le MARQUIS P. DE CHASSELOUP - LAUBAT,

Ministre Secrétaire d'Etat au Département de la Marine et des Colonies.

1866.

<table>
<tr><td>1. Planisphère.</td><td>8. Guadeloupe et Dépendances.</td></tr>
<tr><td>2. Réunion.</td><td>9. Guyane Française.</td></tr>
<tr><td>3. Iles Mayotte, Nossi-Bé et S.te Marie de Madagascar.</td><td>10. Etablissements Français dans l'Inde.</td></tr>
<tr><td>4. Sénégal et Dépendances</td><td>11. Cochinchine Française.</td></tr>
<tr><td>5. Etablissements Français de la Côte d'Or et du Gabon</td><td>12. Etablissements Français dans l'Océan</td></tr>
<tr><td>6. Iles S.t Pierre et Miquelon et Bancs de Terre-Neuve.</td><td>13. Taïti et Morea.</td></tr>
<tr><td>7. Martinique.</td><td>14. Nouvelle-Calédonie et Iles Loyalty.</td></tr>
</table>

CHALLAMEL aîné, Libraire, 3o, rue des Boulangers S.t Victor, à Paris.
Imprimé par AUGUSTE BRY, rue du Bac, n4, à Paris.

T K 9
8 bis

Le texte est in-8°

ATLAS

DES

COLONIES FRANÇAISES

PUBLIÉ

par ordre de Son Excellence M. le MARQUIS P. DE CHASSELOUP - LAUBAT,

Ministre Secrétaire d'Etat au Département de la Marine et des Colonies.

13,448.

1866.

1. Planisphère.

2. Réunion.

3. Iles Mayotte, Nossi-Bé et Ste Marie de Madagascar.

4. Sénégal et Dépendances

5. Etablissements Français de la Côte d'Or et du Gabon

6. Iles St Pierre et Miquelon et Bancs de Terre-Neuve.

7. Martinique.

8. Guadeloupe et Dépendances.

9. Guyane Française.

10. Etablissements Français dans l'Inde.

11. Cochinchine Française.

12. Etablissements Français dans l'Océanie.

13. Taïti et Morea.

14. Nouvelle-Calédonie et Iles Loyalty.

CHALLAMEL, aîné, Libraire, 30, rue des Boulangers St Victor, à Paris.
Imprimé par AUGUSTE BRY, rue du Bac, n4, à Paris.

CARTE HYDROGRAPHIQUE
DES PARTIES CONNUES DE LA TERRE
DU DÉPÔT DES CARTES ET PLANS DE LA MARINE
par Ordre
de S.E. Mgr LE Cte DE CHASSELOUP-LAUBAT
Secrétaire d'État
au Département de la Marine et des Colonies
1852
OCÉAN GLACIAL ARCTIQUE
GRAND OCÉAN SEPTENTRIONAL
OCÉAN ATLANTIQUE SEPTENTRIONAL
GRAND OCÉAN MÉRIDIONAL
OCÉAN ATLANTIQUE MÉRIDIONAL
OCÉAN GLACIAL ANTARCTIQUE
GROENLAND
EUROPE
AFRIQUE
AMÉRIQUE SEPTENTRIONALE
AMÉRIQUE MÉRIDIONALE
MER DES INDES
NOUVELLE HOLLANDE
Longitude Orientale du Méridien de Paris
Longitude Occidentale du Méridien de Paris
PRINCIPALES LIGNES DE PAQUEBOT
pouvant servir à communiquer avec les Colonies Françaises

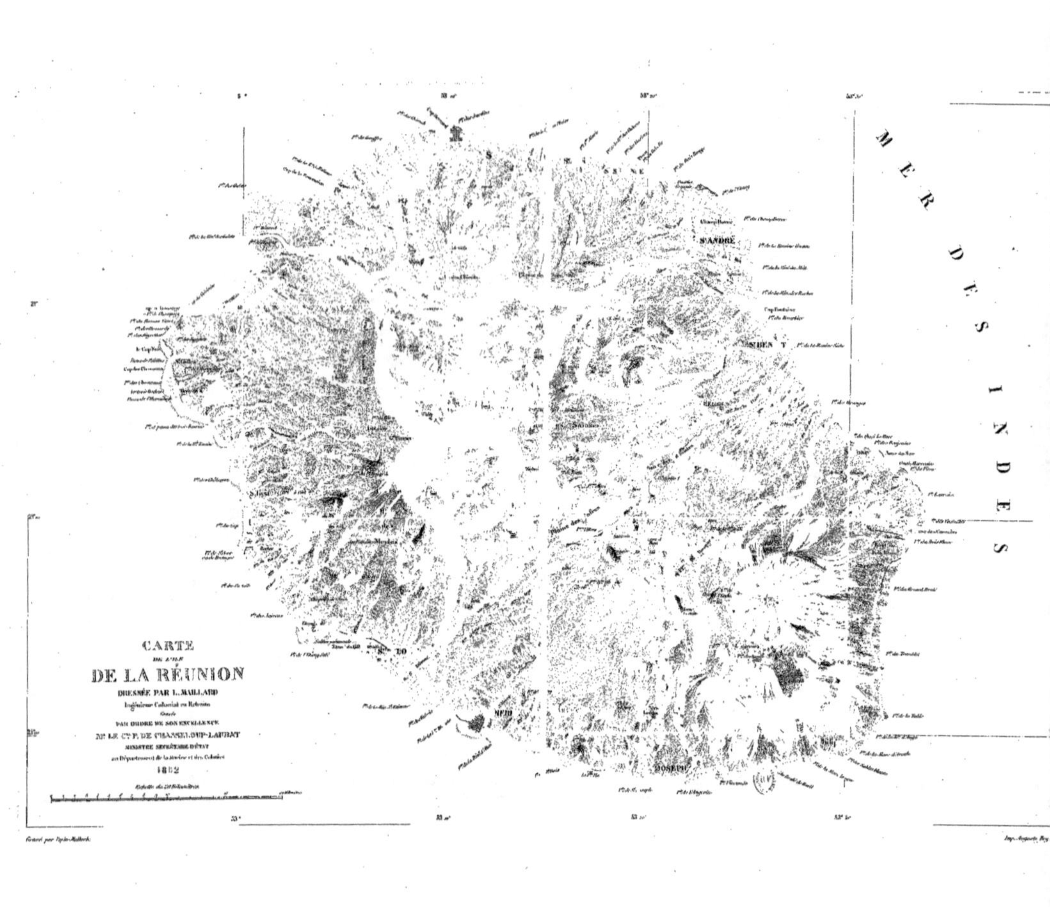

MER DES INDES
CARTE
DE L'ILE
DE LA RÉUNION
DRESSÉE PAR L. MAILLARD
Ingénieur Colonial en Retraite
PAR ORDRE DE SON EXCELLENCE
Mr LE Cte P. DE CHASSELOUP-LAUBAT
MINISTRE SECRÉTAIRE D'ÉTAT
au Département de la Marine et des Colonies
1852
Echelle du 250.000e

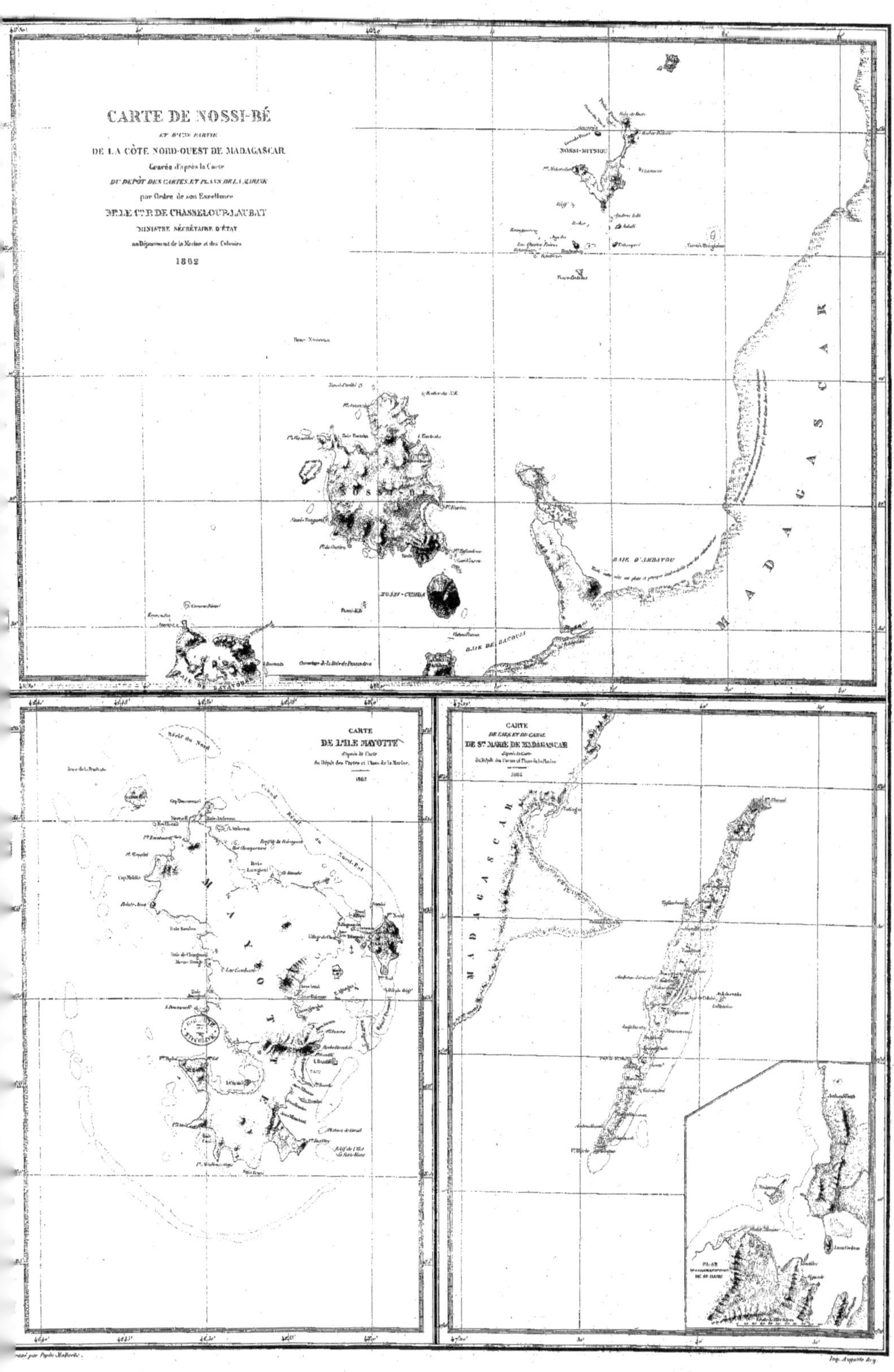

CARTE DE NOSSI-BÉ
ET D'UNE PARTIE
DE LA CÔTE NORD-OUEST DE MADAGASCAR
Gravée d'après la Carte
DU DÉPÔT DES CARTES ET PLANS DE LA MARINE
par Ordre de son Excellence
DE LE Cte. DE CHASSELOUP-LAUBAT
MINISTRE SÉCRÉTAIRE D'ÉTAT
au Département de la Marine et des Colonies
1862
MADAGASCAR
NOSSI-MITSIOU
BAIE D'AMBAVOU
BAIE DE BACOULI
NOSSI-CUMBA
CARTE
DE L'ILE MAYOTTE
d'après la Carte
du Dépôt des Cartes et Plans de la Marine.
1862
MAYOTTE
CARTE
DE L'ILE ET DU CANAL
DE Ste. MARIE DE MADAGASCAR
d'après la Carte
du Dépôt des Cartes et Plans de la Marine
1862
MADAGASCAR

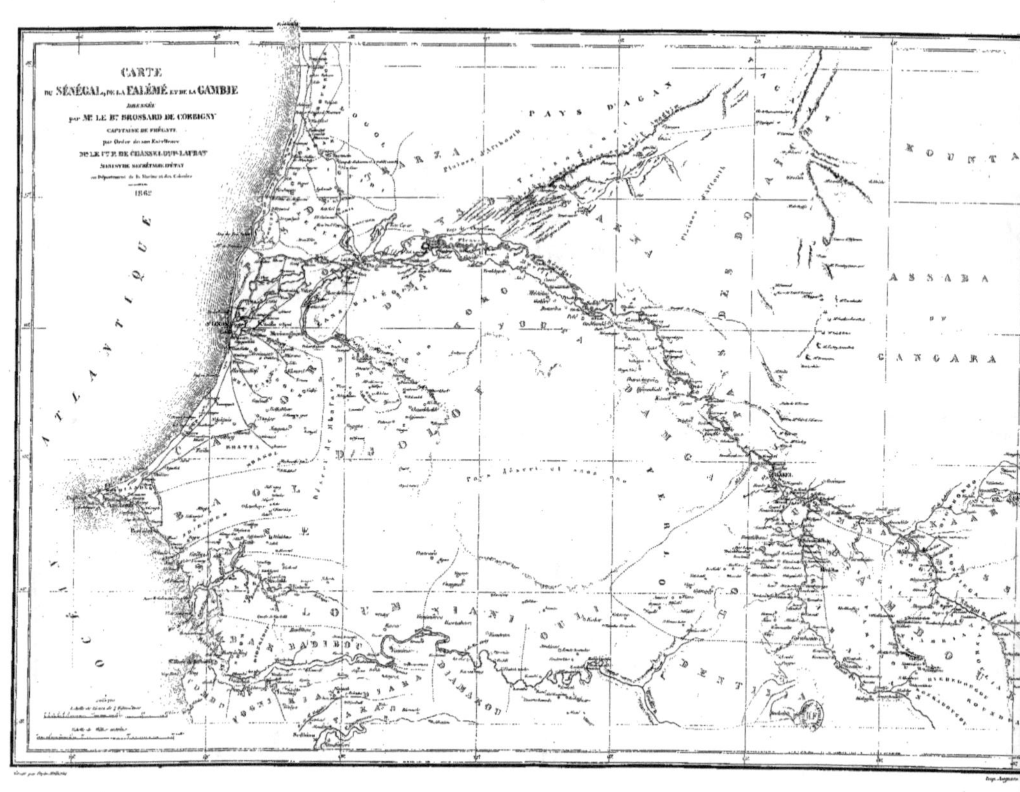

CARTE
DU SÉNÉGAL, DE LA FALÉMÉ ET DE LA GAMBIE
dressée
par M. LE B.on BROSSARD DE CORBIGNY
CAPITAINE DE FRÉGATE
par Ordre de son Excellence
DE LE C.te R. DE CHASSELOUP-LAUBAT
MINISTRE SECRÉTAIRE D'ÉTAT
au Département de la Marine et des Colonies
1862
OCÉAN ATLANTIQUE
PAYS D'AGAN
MOUNTA
ASSABA
OU
CANCARA
BRAKNA
DIMAR
TORO
DIOLOF
BAOL
LOUM XIANI
BADIBOU
DIAMAOU
PAKAA

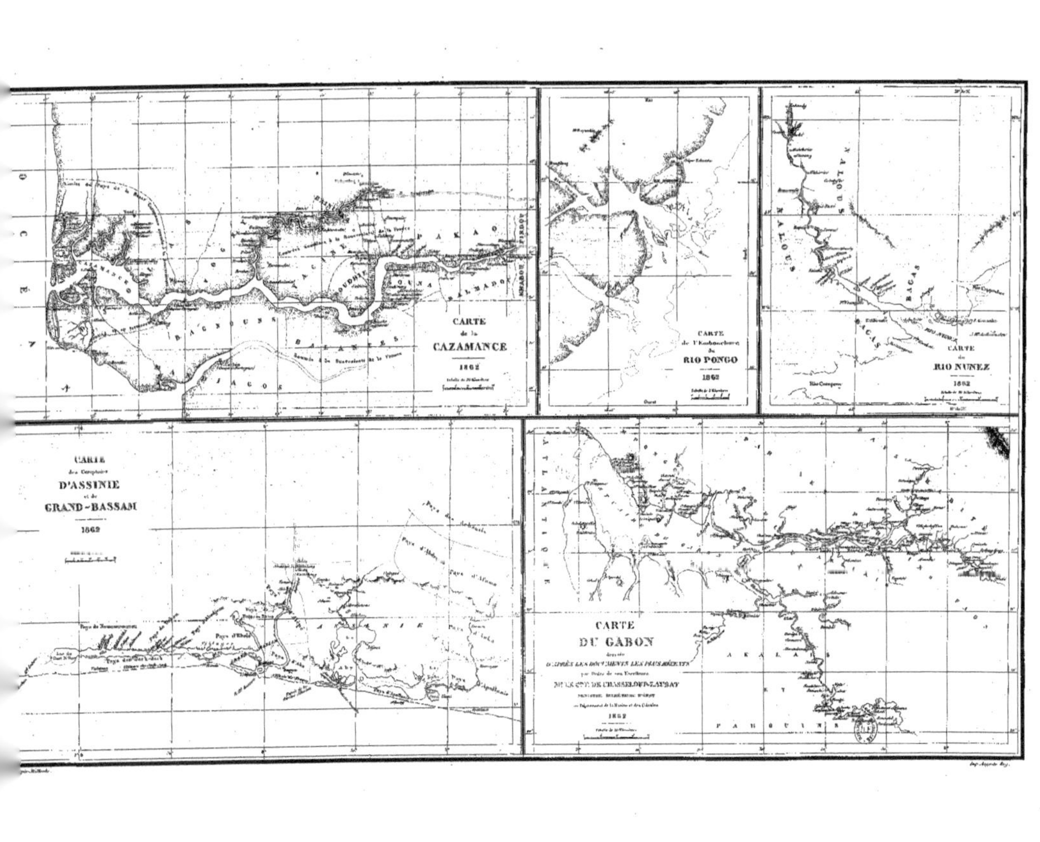
CARTE
de la
CAZAMANCE
1862

CARTE
de l'Embouchure
du
RIO PONGO
1862

CARTE
du
RIO NUNEZ
1862

CARTE
des Comptoirs
D'ASSINIE
et de
GRAND-BASSAM
1862

CARTE
DU GABON
dressée
D'APRÈS LES DOCUMENTS LES PLUS RÉCENTS
par ordre de son Excellence
Mr LE Cte DE CHASSELOUP-LAUBAT
MINISTRE SECRÉTAIRE D'ÉTAT
au Département de la Marine et des Colonies
1862

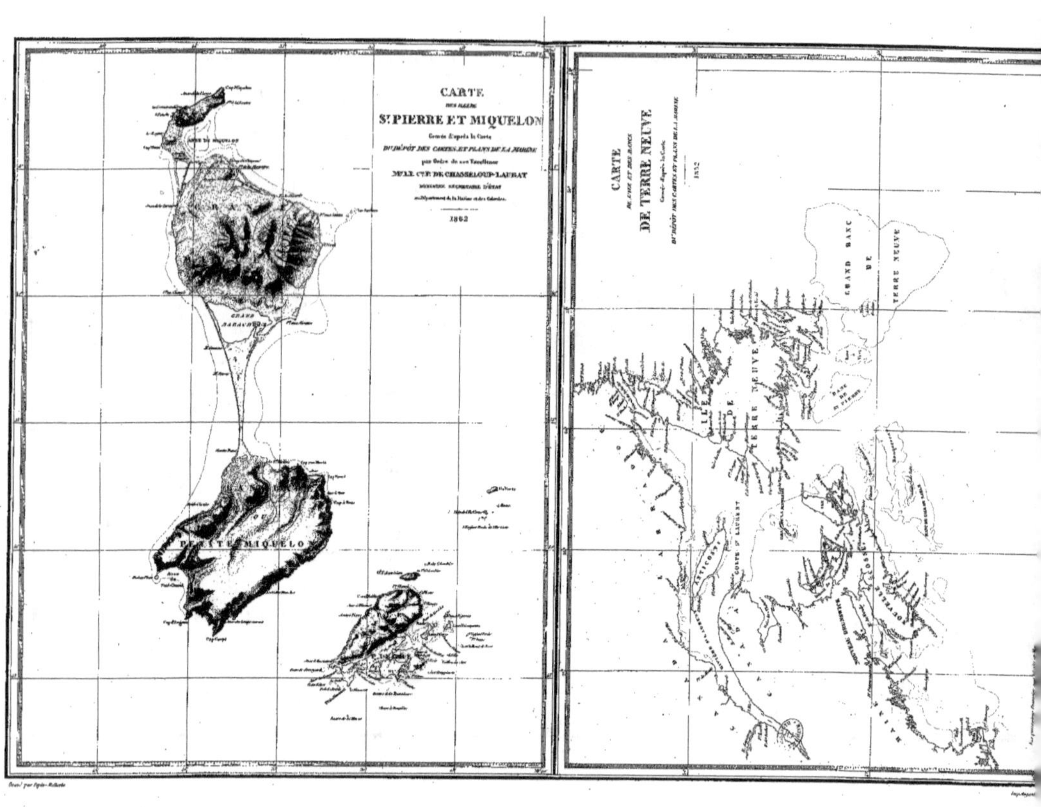

CARTE
DES ÎLES
St PIERRE ET MIQUELON
Gravée d'après la Carte
DU DÉPÔT DES CARTES ET PLANS DE LA MARINE
par Ordre de son Excellence
M.LE CTE DE CHASSELOUP-LAUBAT
MINISTRE SECRÉTAIRE D'ÉTAT
au Département de la Marine et des Colonies.
1862
GRAND BARACHOIS
PETITE MIQUELON
CARTE
DE L'ÎLE ET DES BANCS
DE TERRE NEUVE
Gravée d'après la Carte
DU DÉPÔT DES CARTES ET PLANS DE LA MARINE
1852
GRAND BANC DE TERRE NEUVE
TERRE NEUVE
Dessiné par Bigoin-Hollande

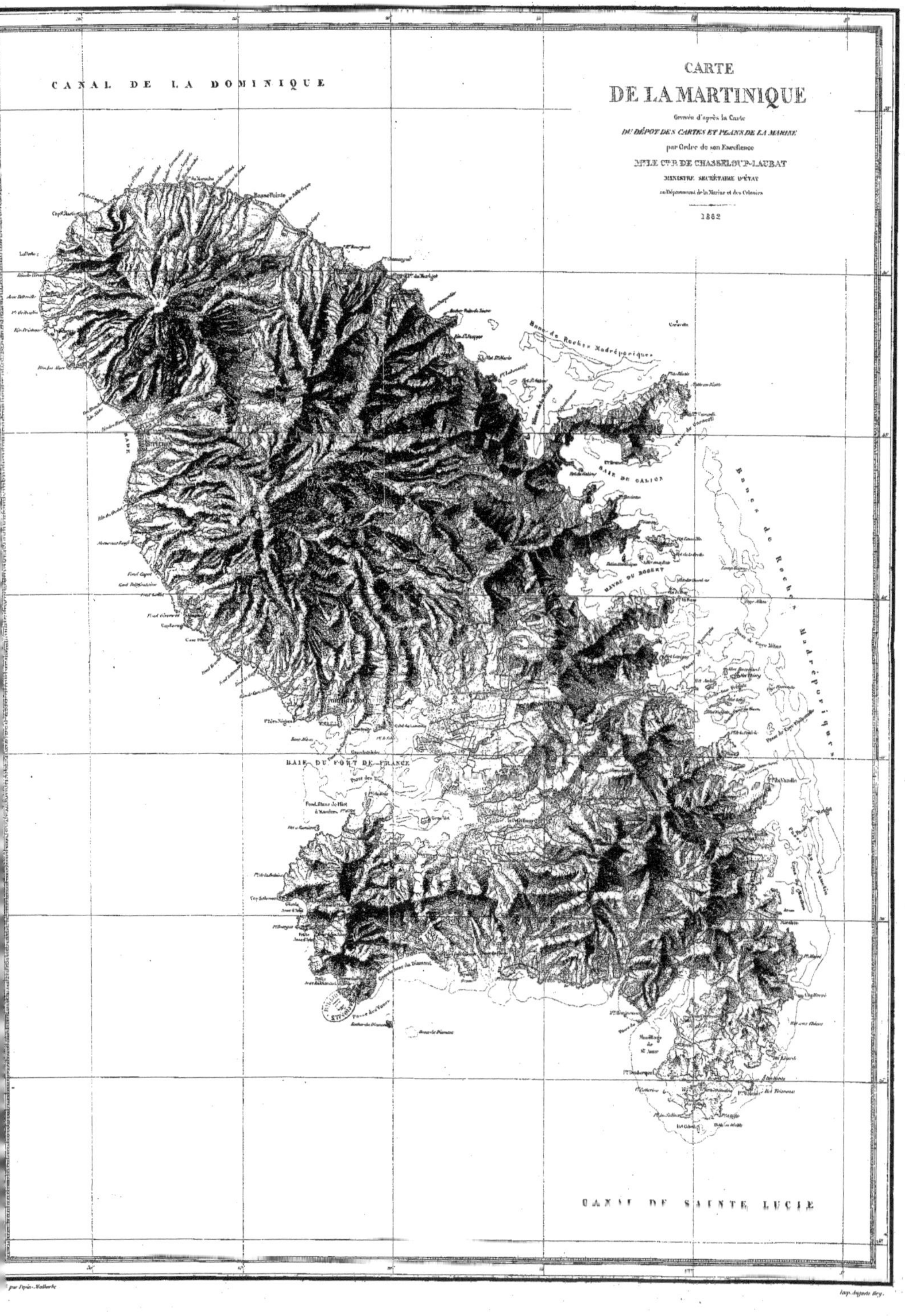
CANAL DE LA DOMINIQUE
CARTE
DE LA MARTINIQUE
Gravée d'après la Carte
DU DÉPOT DES CARTES ET PLANS DE LA MARINE
par Ordre de son Excellence
Mr LE Cte P. DE CHASSELOUP-LAUBAT
MINISTRE SECRÉTAIRE D'ÉTAT
au Département de la Marine et des Colonies
1862
BAIE DE GALION
HAVRE DU ROBERT
Banc de Roches Madréporiques
BAIE DU FORT DE FRANCE
CANAL DE SAINTE LUCIE
par Dupin-Malberbe
Imp. Hyppte Bry.

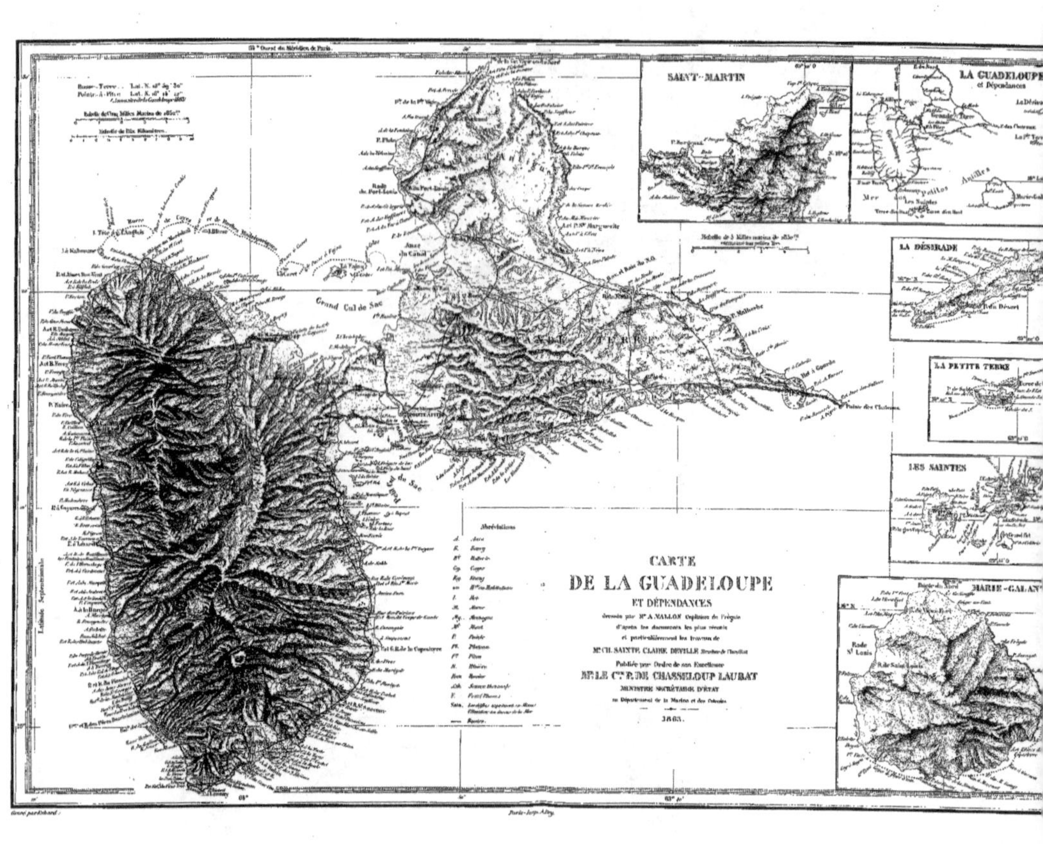

CARTE
DE LA GUADELOUPE
ET DÉPENDANCES
SAINT-MARTIN
LA GUADELOUPE
et Dépendances
LA DÉSIRADE
LA PETITE TERRE
LES SAINTES
MARIE-GALANTE
Grand Cul de Sac

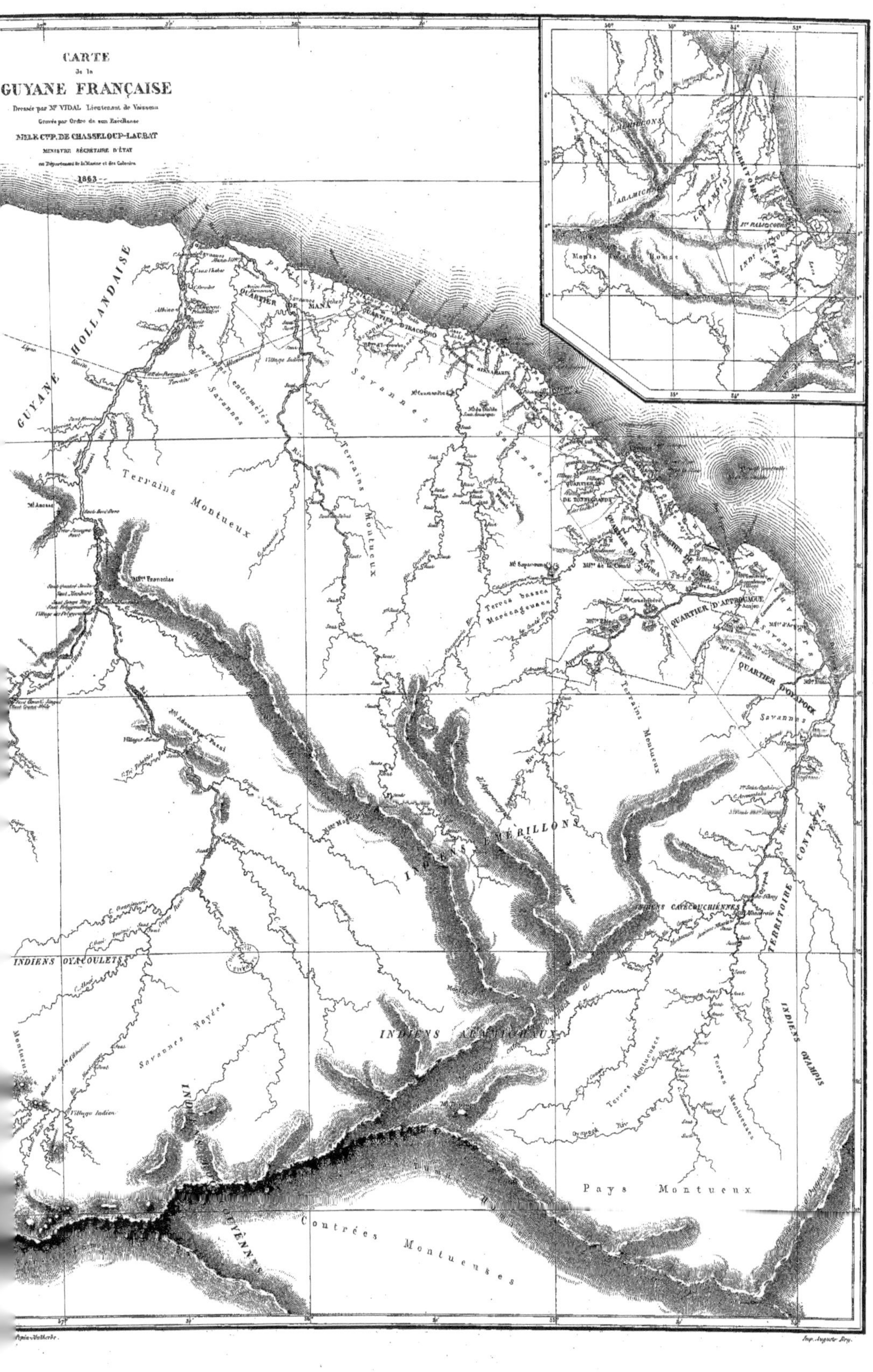

CARTE
de la
GUYANE FRANÇAISE
Dressée par Mr VIDAL Lieutenant de Vaisseau
Gravée par Ordre de son Excellence
Mgr LE Cte DE CHASSELOUP-LAUBAT
MINISTRE SÉCRÉTAIRE D'ÉTAT
au Département de la Marine et des Colonies
1863
GUYANE HOLLANDAISE
Terrains Montueux
Terrains Montueux
Savannes
QUARTIER DE MANA
QUARTIER D'IRACOUBO
SINNAMARY
Terres basses Marénagueuses
QUARTIER DE TONNEGRAND
QUARTIER DE KOUROU
QUARTIER D'APPROUAGUE
QUARTIER D'OYAPOCK
Savannes
TERRITOIRE CONTESTÉ
INDIENS ÉMÉRILLONS
INDIENS CASCOUCHIENNES
INDIENS OYACOULETS
INDIENS ARAMICHAUX
INDIENS OYAMPIS
Savannes Noyées
Pays Montueux
Terres Montueuses
Contrées Montueuses
Pays Montueux
Papier Malberbe.
Imp. Auguste Bry.

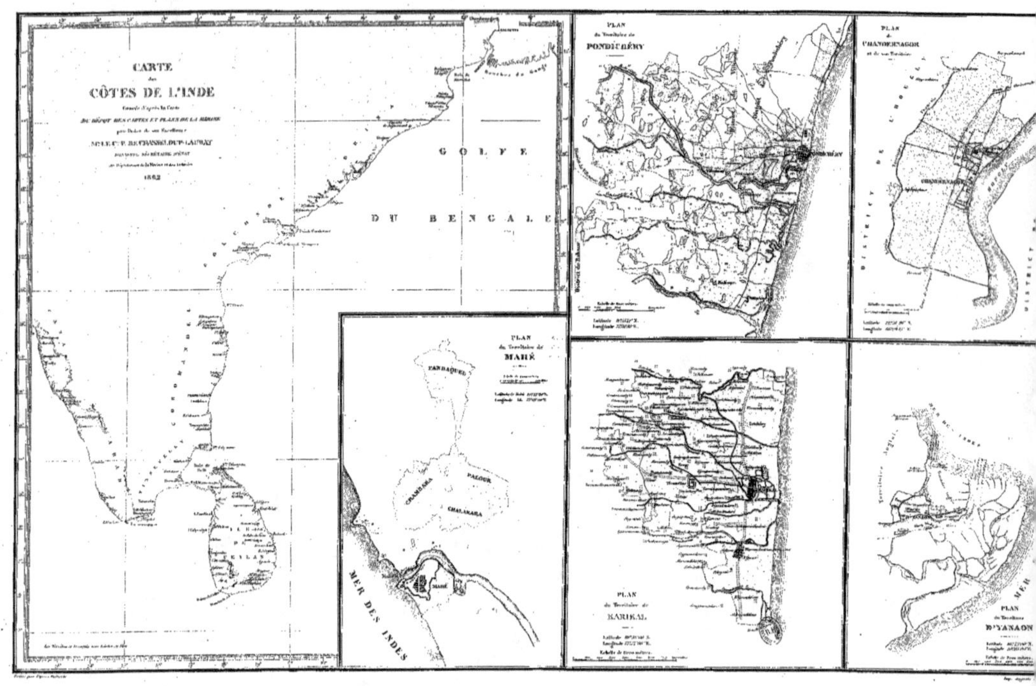

CARTE
des
CÔTES DE L'INDE
GOLFE
DU BENGALE
MER DES INDES
PLAN
du Territoire de
PONDICHÉRY
PLAN
de
CHANDERNAGOR
PLAN
du Territoire de
MAHÉ
PLAN
du Territoire de
KARIKAL
PLAN
du Territoire de
D'YANAON

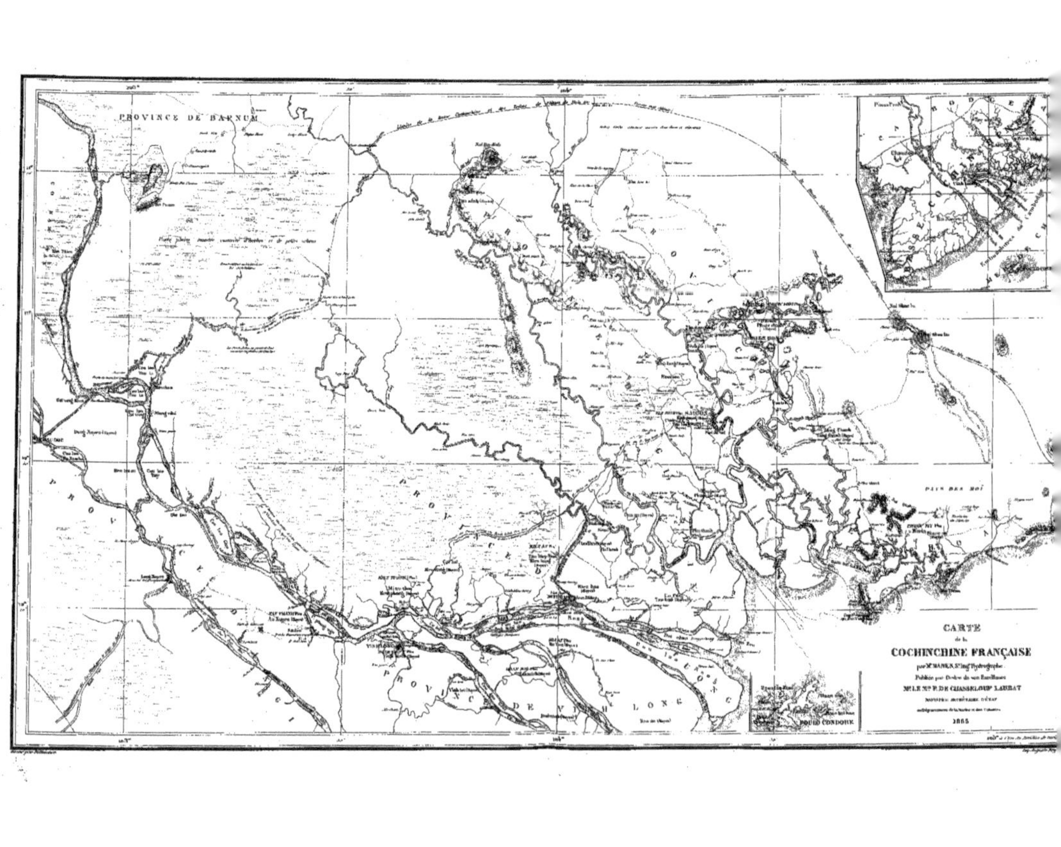

PROVINCE DE BARNUM
CARTE
de la
COCHINCHINE FRANÇAISE
par M. MANEN, S.ᵉ ing.ᵗ Hydrographe
Publiée par Ordre de son Excellence
M. LE M.ᶦˢ P. DE CHASSELOUP LAUBAT
MINISTRE SECRÉTAIRE D'ÉTAT
1865
POULO CONDORE

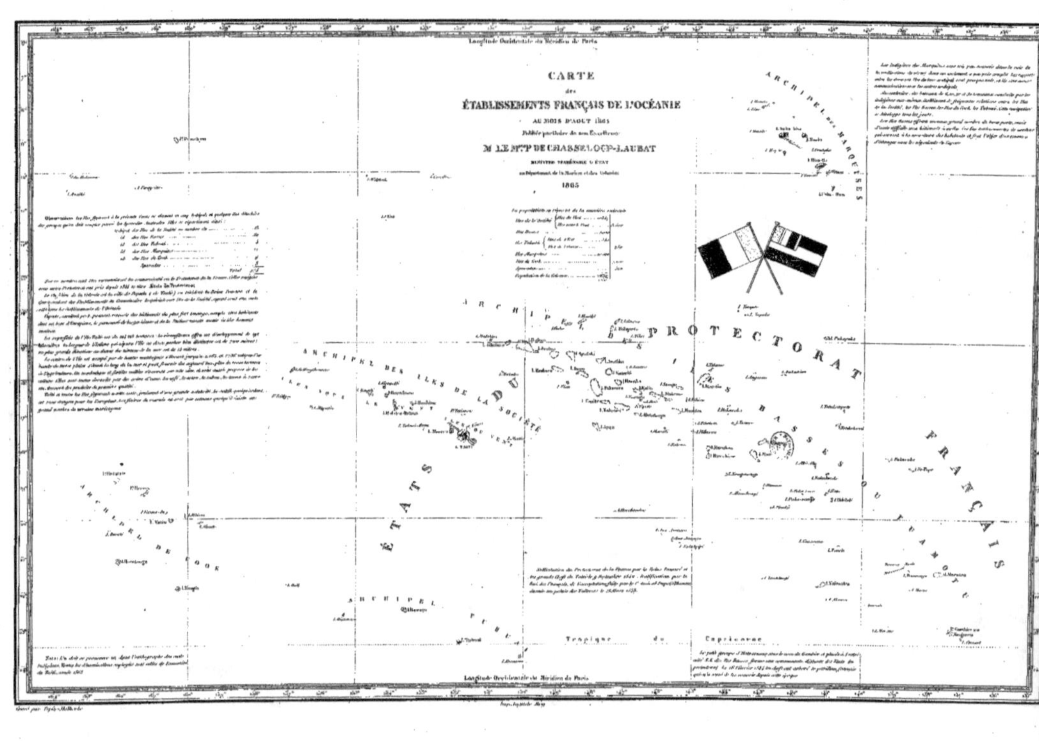
Longitude Occidentale du Méridien de Paris
CARTE
des
ÉTABLISSEMENTS FRANÇAIS DE L'OCÉANIE
AU MOIS D'AOUT 1865
Publiée par Ordre de son Excellence
M. LE Mis DE CHASSELOUP-LAUBAT
MINISTRE SECRÉTAIRE D'ÉTAT
au Département de la Marine et des Colonies
1865
ARCHIPEL DES MARQUISES
ARCHIPEL DES ILES DE LA SOCIÉTÉ
PROTECTORAT
ÉTATS SOUS BASSES OU PROTÉGÉS FRANÇAIS
ARCHIPEL DE COOK
Tropique du Capricorne
Longitude Occidentale du Méridien de Paris

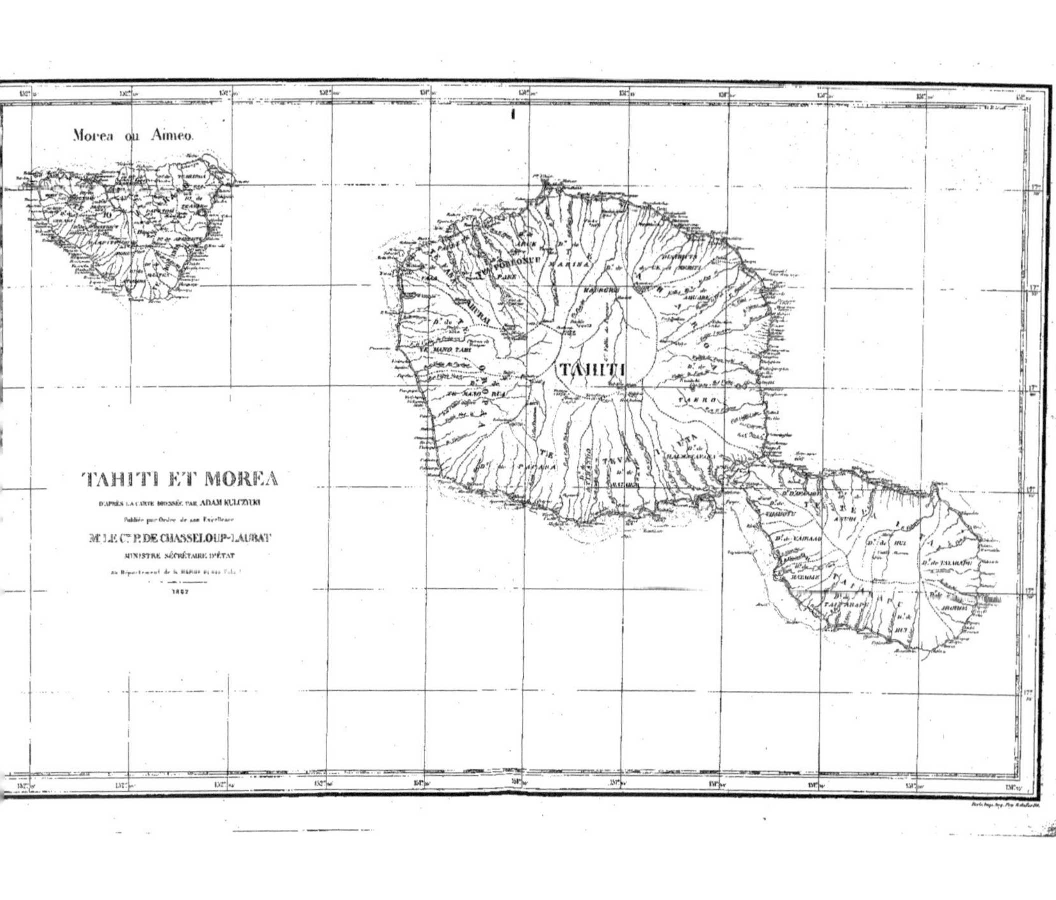

Morea ou Aimeo.
TAHITI
TAHITI ET MOREA
D'APRÈS LA CARTE DRESSÉE PAR ADAM KULCZYKI
Publiée par Ordre de son Excellence
M. LE C.te P. DE CHASSELOUP-LAUBAT
MINISTRE SÉCRÉTAIRE D'ÉTAT
au Département de la MARINE et des Colonies
1862

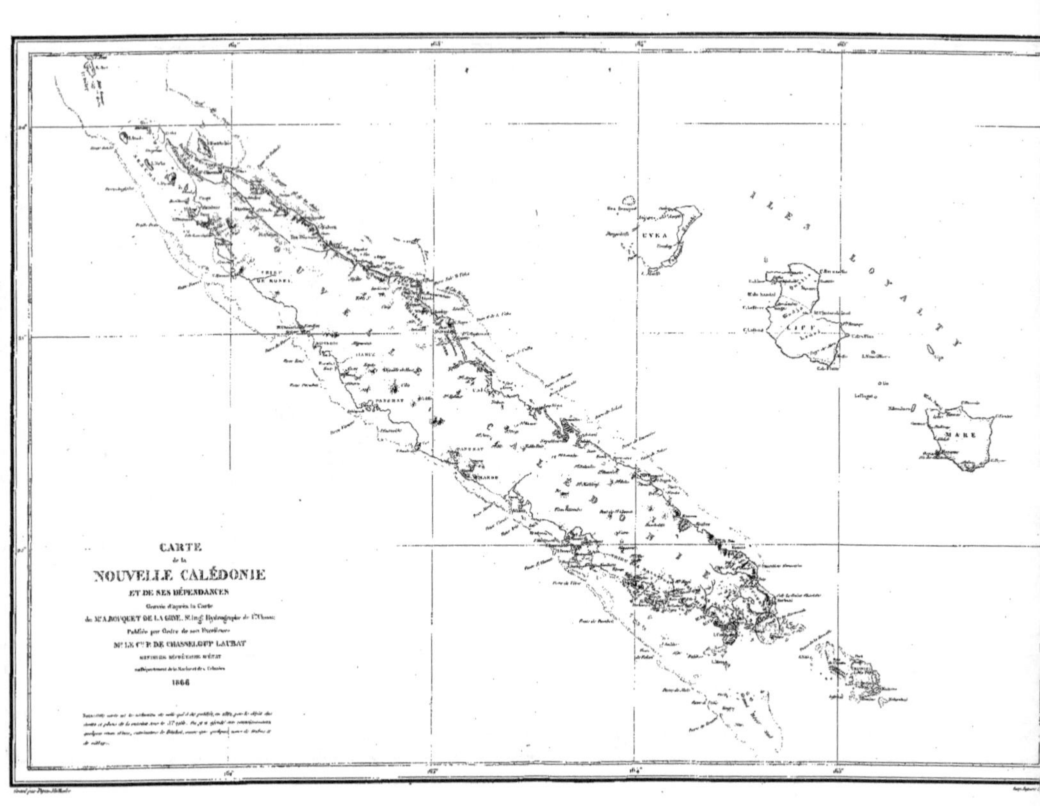

CARTE
de la
NOUVELLE CALÉDONIE
ET DE SES DÉPENDANCES
Gravée d'après la Carte
de M. A.BOUQUET DE LA GRYE, S. Ing. Hydrographe de 1.re Classe
Publiée par Ordre de son Excellence
M. LE C.te P. DE CHASSELOUP LAUBAT
MINISTRE SÉCRÉTAIRE D'ÉTAT
au Département de la Marine et des Colonies
1866
UVEA
ILES LOYALTY
LIFU
MARE

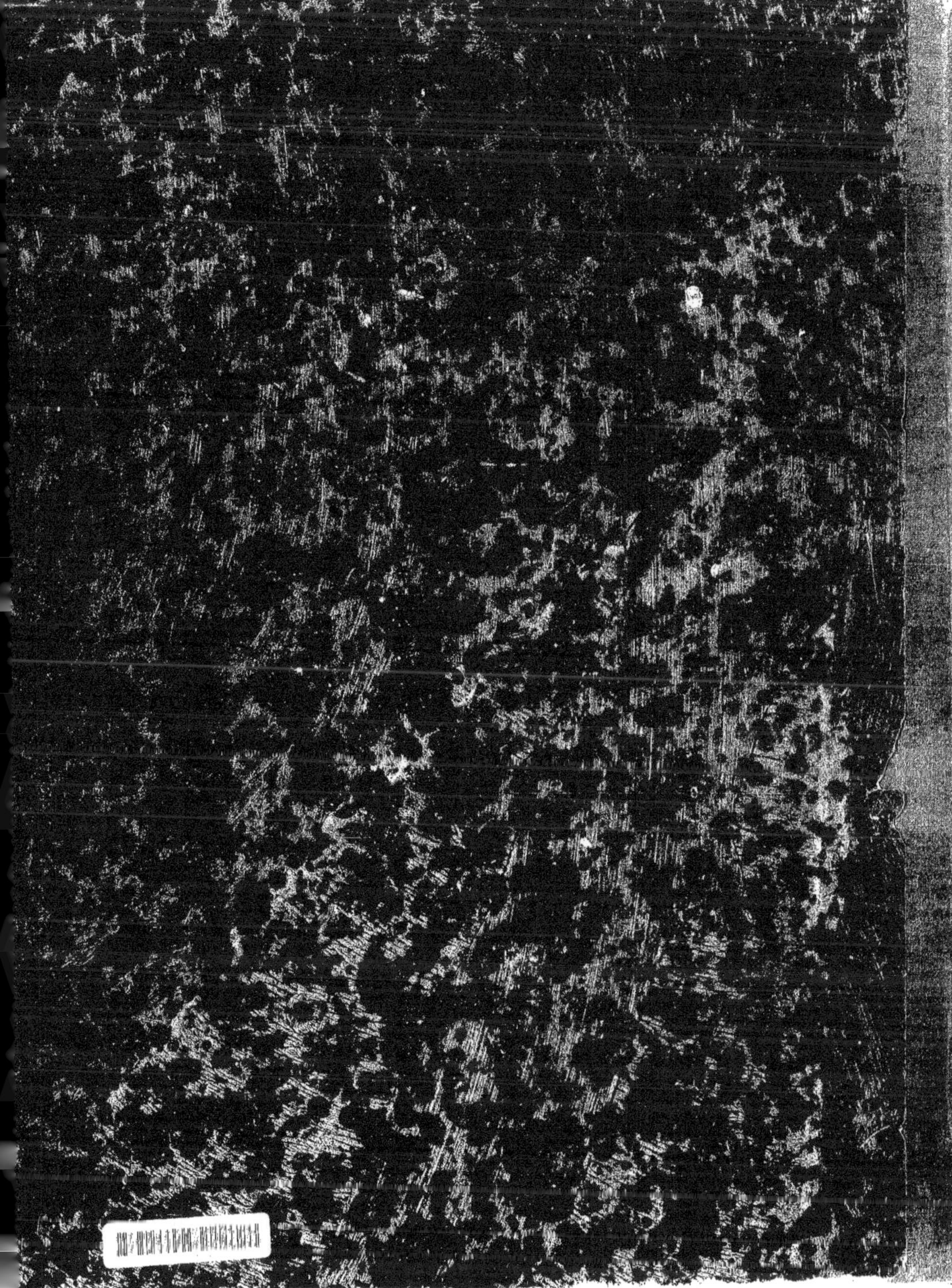

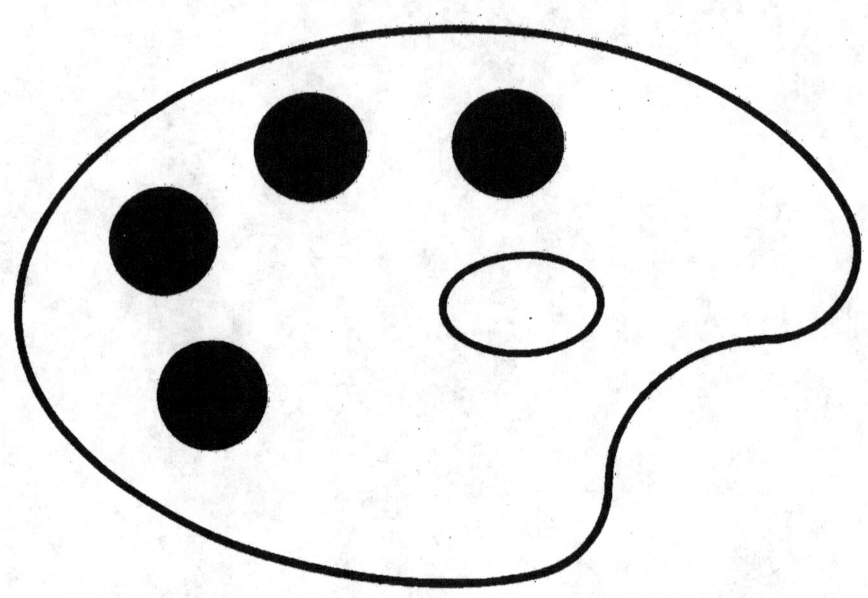

Original en couleur
NF Z 43-120-8

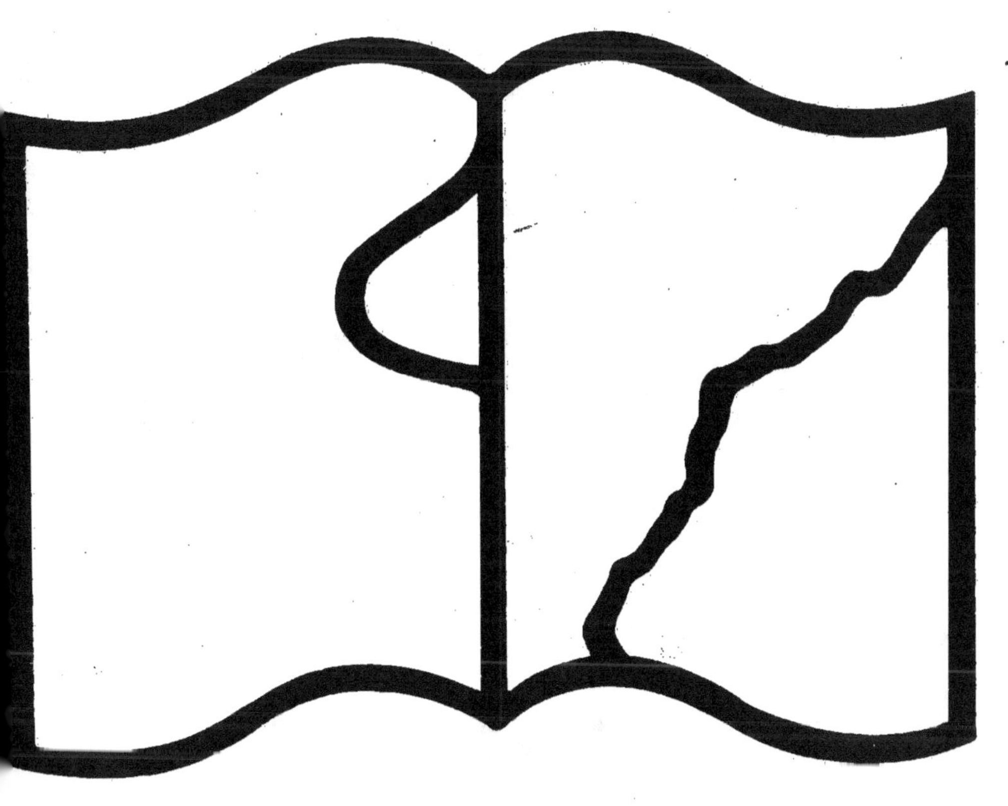

Texte détérioré — reliure défectueuse

NF Z 43-120-11

Contraste insuffisant

NF Z 43-120-14